Mag sein, dass niemand alleine

die Welt retten kann,

aber jeder kann

mit gutem Beispiel vorangehen.

Es braucht nur einen Mutigen,

um die Welt zu verändern.

Tassilo Leitherer

© 2021 Tassilo Leitherer

Verlag und Druck: tredition GmbH, Halenreie 40-44, 22359 Hamburg
Bilder: www.pixabay.com

ISBN
978-3-347-35387-9 (Paperback)
978-3-347-35388-6 (Hardcover)
978-3-347-35389-3 (e-Book)

Tassilo Leitherer

Die Zeiten dieser Wirklichkeit

Gedichte aus dem Hier und Jetzt.

Über den Autor

Tassilo Leitherer wurde 1985 in Aschaffenburg geboren und lebt heute in München. Er ist als freier Redner, Mediator, Konfliktmanager und Kommunikationsberater selbstständig.

2009 erschien seine erste Erzählung „Die Sehnsucht nach der richtigen Welt". Im Juni 2010 folgte sein erster Gedichtband „Träume wie die Wirklichkeit", und im Oktober 2011 sein erster Roman „Die sieben Stufen des Wahnsinns".

Der Erlös seines 2012 erschienenen Gedichtbandes „Die Phantasie der Wirklichkeit" kommt Straßenkindern in Bolivien zu Gute. 2015 erschien der Gedichtband „Spiegelbild der Wirklichkeit", 2017 die Sammlung „Abschied aus der Wirklichkeit". In den Gedichtbänden „Die Schönheit dieser Wirklichkeit" (2018) und „Erinnerung der Wirklichkeit" (2018) beschäftigt sich der Autor mit dem Alltag, mit Tod und Hoffnung, der Bewältigung von Trauer und der Schönheit, die dieser Welt innewohnt.

In seinem Roman „MenschSein" (2018) widmet er sich der Frage, was Menschlichkeit auszeichnet und ob wir sind, was wir zu sein glauben. 2019 erschien Leitherers Roman „EwigSein" der sich mit der Trennlinie zwischen Wahrheit und Wirklichkeit auseinandersetzt und die Frage stellt, welche Grenzen das menschliche Leben besitzt.

Der 2019 erschienene Gedichtband „Vier Zeilen aus der Wirklichkeit" beschreibt kleine Episoden des Alltags in nur vier Zeilen.

2020 erschien der Gedichtband „Bunte Bilder dieser Wirklichkeit." mit vielen bunten Farbklecksen dieser Welt.

JetztZeit

Erinnerung

Der Weg entsteht mit jedem Schritt.

Es gibt nur vorwärts, kein zurück.

Was ist, das war, was wird, das ist.

Und doch ist eines ganz gewiss:

Im Herzen gibt es keine Zeit.

Die Erinnerung ist stets bereit.

Und lässt uns lächeln jeden Tag.

Weil Phantasie das so gern mag.

Zeitreise

Wohin reist die Zeit,
wenn ihr alles das,
was auf dieser Welt
geschieht, zu viel wird
und sie einfach flieht?
Und vor allem:
Steht die Zeit dann still?

Spiegelbild der Gesellschaft (symbolisch)

„Abrakadabra" sprach der Magier.

Und schon hüpften bunte Kaninchen.

Aus dem schwarzen Zylinder.

Die mit dem guten Herzen freuten sich.

Über die pelzigen, fröhlichen Hüpfer.

Alle anderen machten ein Feuer.

Fingen und aßen die Freude.

Besinnung

Nicht immer ist klein wirklich klein,

einsam heißt nicht gleich allein,

Erfolg hat nichts mit Geld zu tun,

auch ein Herz muss manchmal ruhen,

die Seele kann nur dann frei sein

und im Einklang mit uns weilen,

wenn wir auf ihre Worte hören,

denn kann uns nichts und niemand stören,

wenn wir ganz leise sind und lauschen,

das ist es, was wir alle brauchen.

Das Geheimnis der Freiheit

Was heißt es, wirklich frei zu sein?

Ist Freiheit oft nur schöner Schein?

Was nützt viel Geld, was nützt die Macht?

Aus nichts davon ist Glück gemacht!

Frei kannst Du nur dann wirklich sein,

sind Geist und Herz in Dir vereint.

Krise

Wenn am Himmel Wolken stehen,

passiert, was viele nicht verstehen,

die Reiter schon die Pferde satteln,

Piraten mit den Säbeln rasseln,

auf einmal alle Nagetiere

nach Nutzlosem voll Inbrunst gieren,

die lauten Stimmen Macht gewinnen,

egal, ob klar oder von Sinnen,

dann lasst uns ruhig besonnen sein,

Hand in Hand im Geist vereint,

denn folgt den Wolken stets die Sonne,

mit Glück, Zufriedenheit und Wonne.

Die Phantasie der Wirklichkeit

Die Phantasie der Wirklichkeit
ist für uns da, sind wir bereit,
in ihren wilden Strom zu tauchen,
auch mal zu schwanken oder straucheln,
doch alles stets mit ganzem Herz
zu tun in Freude und in Schmerz,
sind wir bereit, all das zu tragen,
dann können wir das Leben wagen.

Wenn Blätter reisen

Ein buntes Blatt im Wind gefangen,
will zur Erde rasch gelangen,
um dort beim anderen Laub zu liegen,
doch lässt der Sturm es weiterfliegen.

Und so gelangt das bunte Blatt
an ferne Orte und es hat
keine Sehnsucht nach zurück -
es findet so ein neues Glück.

Im Kreislauf

Hin- und her und auf und ab

im wilden Kreis mit Aderlass -

es hoppeln alle Osterhasen,

um Engeln guten Tag zu sagen,

dann schlafen sie den Rest der Zeit,

im Traum gibt ihnen Glück Geleit,

es fallen Flocken weiß und rein,

manch eine will es gar nicht sein,

drum lächelt sie, wenn sie zerschmilzt,

es bildet sich ein neues Bild

mit neuen Wegen, neuem Leben,

mit neuen Plänen, neuem Streben,

so ist es halt auf dieser Welt,

in der das Jetzt auf ewig zählt.

Der Troll vergangener Tage

Ein kleiner Troll aus alten Tagen
will niemals Neues mutig wagen,
erzählt nur von Vergangenheit,
nennt das Jetzt einfach nur Leid,
will stets nur grummeln, immer meckern,
nicht klotzen, sondern lieber kleckern -
oh, kleiner Troll, dann geh doch heim
und lass mich hier im Heute sein.

Alles ist gut

Ein Sonnenstrahl ganz fein und klar,

durchbrach die Wolken wunderbar -

er schenkte so ein Stückchen Mut

und zeigte, es ist alles gut.

Im Großen und Ganzen

Das große Ganze dieser Welt,
was sie im Kern zusammenhält,
was bleibt, wenn sonst nichts Anderes bleibt
für Jetzt und für die Ewigkeit,
bist Du, Deine Essenz, Dein Sein,
Dein Lebensweg, ganz ohne Schein,
selbst wenn Dein Licht einmal erlischt,
vergisst der Lauf der Welt Dich nicht.

Momente

Wenn der Sand durch Finger rinnt,

das Morgen viel zu schnell beginnt,

das Gestern längst vergessen ist

und selbst das Jetzt wir schon vermisst,

dann heißt es, ganz kurz stehen zu bleiben,

der Augenblick wird uns begleiten,

ist der Moment auch noch so flüchtig,

so ist ein jeder für sich wichtig.

Falsche Empörung

Auf einmal ist die Welt empört
und tut, als wäre sie verstört,
denn niemand hat es kommen sehen
und keiner will, was ist, verstehen.

Die Schuld wird hin- und hergeschoben,
Lügen schnell und neu gewoben,
keiner will's gewesen sein,
die Opfer bleiben still. Allein.

Vergessen ist nach kurzer Zeit
Jede Qual und jedes Leid,
was kümmert uns der Rest der Welt,
nur unser Wohl ist das, was zählt.

Wenn Du das glaubst, bist Du ein Narr,
die Schrecken sind noch immer da,
durch pures Glück bleibst Du verschont,
auch wenn in Dir nur Kälte wohnt.

Im Sturm des Lebens

Im Sturm zu stehen.

Das Auge sehen.

Vielleicht zu wanken.

Manchmal zu schwanken.

Doch stets zu kämpfen.

Und zu lenken.

Den Mut zu wagen.

Zu hinterfragen.

Den Weg zu gehen.

Ihn zu verstehen.

So gut es geht.

Das Herz besteht.

Kann so frei sein.

Ganz ohne Schein.

Etwas Zeit

Ein kleines bisschen Zeit,
das uns neue Kraft verleiht,
für das Leben und das Streben,
von Jetzt bis wir einmal verwehen,
will Augenblicke ganz fest halten,
die Sandkörner im Herz verwalten,
dort bleiben sie in Ewigkeit
und stehen stets für mich bereit.

Respekt

Auch für Dinge einzustehen,

die viele Menschen anders sehen,

mit Ehrlichkeit und klaren Worten,

entwaffnend für die Hetzerhorden,

mit Mut, sich selbst zu hinterfragen,

an Tagen, die Geschichte tragen,

gerade und voll Menschlichkeit

zum rechten Handeln stets bereit,

hier sollte nun „Respekt" dastehen,

doch leider wird dies kaum geschehen,

denn ist die Masse mehr bereit

zu Häme und Gehässigkeit.

Schnelllebig

Im schnellen Lauf der Welt

bleibt oft so einiges verborgen,

kaum ist es heute, folgt das Morgen,

als ob die Gegenwart nicht zählt,

doch ist es eben dieses Jetzt,

in dem wir unser Leben leben,

zufrieden ist nur, der dies schätzt

und kann nach seinem Glücke streben.

Beobachtung des Jetzt

Immer nur noch Schreierei
gepaart mit dröger Jammerei,
voll Selbstmitleid und frischem Hass,
den wirklich niemand nötig hat,
täglich neue, leere Klagen
und Worte, die rein gar nichts sagen,
statt positiv ins Jetzt zu sehen
und mutig jenen Weg zu gehen,
der uns in die Zukunft trägt,
wenn man statt zu klagen lebt.

Warum

In Gedanken an bessere Zeiten
ließ so mancher sich verleiten
zu leugnen, wer er wirklich war -
zu hinterfragen, was er sah,
an dessen Stelle trat die Wut,
die Angst und auch der Hass dazu,
bis irgendwann die Welt verbrannte,
alles zerstörte, was man kannte,
nun herrscht die Stille neuer Tage,
was bleibt ist jene eine Frage,
„Warum?"

Wettlauf mit der Zeit

Der Augenblick ist schon vergangen,
Vergangenheit will alles fangen,
was war, was ist und was sein wird,
sie nach allem hungrig giert,
im steten Rennen um die Zeit
das Ziel ist dann die Ewigkeit,
dieser Kampf um die Sekunden
wird vielleicht nur wirklich überwunden,
wenn wir einfach stehenbleiben,
im Jetzt das eigene Leben schreiben.

Sommermoment

Im Sommerwind reist mein Gedanke
an Freiheit, Mut und Lebensfreude,
er zeigt mir das, was wichtig es,
was zählt ist nur das Jetzt und Heute.

Suchen und Finden

Manchmal ist es hintergründig.

Du denkst, Du wirst nie jemals fündig.

Du suchst und suchst an jedem Ort.

Dabei trägt Dich die Reise fort.

Du hinterfragst die Welt und Dich.

Dein Spiegelbild, Dein Angesicht.

Und dann ganz plötzlich kommt der Tag,

an dem das Glück Dich finden mag.

Der Moment

Im Einklang mit dem Hier und Jetzt.

Denn wird das Morgen überschätzt.

Wenn wir uns darin tief verlieren.

Nur noch nach der Zukunft gieren.

Was sind wir dann im Heute?

Ein leichtes Ziel für jene Meute.

Die stets nur rennt und niemals ruht.

Dabei ist jeder Moment gut.

Der Wutbürger

(und wie man ihm begegnet)

Wenn die Stimmen lauter werden,

von Hass geprägt, gewaltverträumt,

in plumpen Massen treibt die Herden

der, der vor Wut am meisten schäumt.

Was fehlt sind jene sanften Worte,

die die Vernunft ans Lichte tragen,

doch Worte selbst von dieser Sorte,

will und kann kaum jemand wagen.

Was hilft´s, wenn niemand hören mag,

was richtig und was wichtig ist,

weil *Aufstand* sich viel leichter sagt,

wenn Nächstenliebe man vergisst.

Was bleibt sind Mut und Zuversicht,

der Glaube an den guten Kern,

die schlimmen Zeiten ändern sich,

halten wir nur den Selbstzweck fern.

Das Geheimnis der Freiheit

Was heißt es, wirklich frei zu sein?

Ist Freiheit oft nur schöner Schein?

Was nützt viel Geld, was nützt die Macht?

Aus nichts davon ist Glück gemacht!

Frei kannst Du nur dann wirklich sein,

sind Geist und Herz in Dir vereint.

HerzZeit

Verführung

Eine flüchtige Berührung.

Und doch genug für die Verführung.

Die immernoch im Herzen lebt.

Dort feurig brennt und stetig bebt.

Bis irgendwann zum Wiedersehen.

Wird sie für immer mit mir gehen.

Geheimnisvoller Ort

Es gibt einen geheimen Ort,

er biete jedem sicheren Hort,

der sich nach echtem Frieden sehnt,

der Dich so gut wie niemand kennt,

Dich stets versteht, gibt immer Acht,

der mit Dir trauert, mit Dir lacht,

der Ort, von dem die Rede ist,

und wo Du stets willkommen bist,

ist Dein Herz.

Die Sprache des Herzens

Was hörst Du, wenn Du leise bist?

Wenn Du den Lärm um Dich vergisst?

Das kleine Flüstern, das da ist.

Es ist Dein Herz, das zu Dir spricht.

Am Lebensende

Im letzten Augenblick des Lebens
spricht ganz allein das Herz,
doch war kein Dasein je vergebens,
denn trägt es Freude und auch Schmerz.

Ein Teil davon wird bleiben,
hier auf dieser Welt,
als Beispiel neue Wege zeigen,
und genau das ist es, das zählt.

Im Angesicht

Wo ist das kleine Licht,

das Hoffnung schenkt und Zuversicht?

Es lebt ganz tief in Deinem Herz

und spiegelt sich im Angesicht.

Ein Traum

Die ganze Welt in einem Traum -
überwindet Zeit und Raum,
nur mit Gutem angefüllt,
malt sie dort ein Zukunftsbild,
auf dem in jedem Herz
der Frieden lebt – ganz unbeschwert.

Wenn die Welt stillsteht

Wenn die Welt ganz leise steht.

Nicht mal das kleinste Lüftchen weht.

Im Gleichgewicht sind die Gezeiten.

Dann weiß ich, dass ich jetzt bereit bin.

Frei zu sein und Ich zu sein.

Denn sind nun Herz und Geist vereint.

Zauberspruch

Ein Zauberspruch ganz klein und fein
hält Einzug in Dein Leben ein,
und sagt, was zählt ist das allein:
Du bist Du und darfst es sein.

Dein Herz und Du

Wie Du bist, sagt Dir Dein Herz,

kennt jede Freude, jeden Schmerz,

jede Sehnsucht, jeden Wunsch,

jedes tiefe Geheimnis und

ist immer ehrlich, gibt Dir Rat,

es stets das Gute tief bewahrt,

es ist mehr als ein Teil von Dir,

es ist Du im Jetzt und Hier.

Leben und Tod

Das Herz voll Liebe,
das Herz voll Glück,
doch auch voll Trauer –
Stück für Stück.

Der Geist voll Freiheit,
der Geist voll Weisheit,
doch auch voll Leid –
im Lauf der Zeit.

Die Seele voll Mut,
die Seele voll Dank,
der Körper ist müde –
erwartet nun Güte.

Es beginnt nun die Reise
zur ewigen Sphäre,
dort wirst Du uns erwarten,
ach wenn´s heut doch schon wäre.

Wie Du bist

Was macht Dich frei?
Was hilft dabei?
Was trägst Du in Dir -
außer Gier?

Wer bist Du?
Wer ist das Bild?
Im Spiegel sichtbar -
müde, wild?

Wie schlägt Dein Herz?
Was fühlt Dein Ich?
Sieht es Hoffnung –
Sieht es Licht?

Du bist frei und darfst es sein.
Herz und Geist sind stets vereint.
Wenn Du niemals den Mut verlierst.
Dein Glück Du sicher finden wirst.

Trennung

Wenn ein Leben sanft verweht,

den Weg zur Ewigkeit hin geht,

wo es ganz frei und unbeschwert

für immer und für ewig währt,

dann müssen wir uns von ihm trennen,

es akzeptieren und benennen,

mit Dankbarkeit und voller Mut,

im Wissen, es ist alles gut.

Lohnt sich der Augenblick?

Was ist schon ein Wimpernschlag
in Anbetracht der Ewigkeit,
vermag er denn das ganze Leid
aufzuwiegen, wie ich´s mag?

Was zählt das Sandkorn ganz alleine
in der Eieruhr des Lebens,
gleich ist es weg wie mancher Stern,
war denn sein Dasein ganz vergebens?

Was bin ich? Was ist das Sein?
Kann sich mein Herz auch dann befreien,
wenn das Leben endlich ist?
Eines ist doch ganz gewiss:
Es lohnt sich immer, Ich zu sein,
denn alles andere wär nur Schein.

Vom Chaos umgeben

Wenn das Chaos Dich umgibt,
Du kaum noch weißt, wie Dir geschieht,
dann halte einfach ganz kurz Inne,
höre auf die Herzensstimme,
sie gibt Dir Ruhe, gibt Dir Kraft,
den Mut, der alles möglich macht.

Ein Wort

Ein kleines, feines Wort,
es sucht sich seinen Hort,
in guten Menschenseelen,
denn kann es dort das fühlen,
was es ist - das Wörtchen heißt:
„Danke" und kennt keinen Preis,
denn ist es ehrlich, selbstlos, rein
und genau so muss es auch sein.

Tränen

Wohin mit all den Tränen,

sie scheinen schier unendlich,

doch halte sie niemals zurück,

denn sind sie zu vergänglich.

Und jede trägt Erinnerung,

sie teilt sie mit der Welt,

sie schenkt Dir so ein Lächeln,

denn ist es das, was zählt.

Ein Ort

Gestern, Heute, Morgen -

wen kümmern schon die Sorgen

in Anbetracht der Schönheit,

die überall besteht,

es ist das tiefste Innere,

das Herz, das danach strebt

frei zu sein in Geist und Seele,

drum reich mir Deine Hand,

wir bauen bunte Burgen,

am strahlend weißen Strand,

dann öffnen wir die Augen

im Wissen: Ja, es gibt,

diesen einen Ort, an dem das Glück für immer lebt.

Was zählt

Wer bestimmt, was jung sein heißt?

Für manchen ist ganz jung schon alt.

Groß und klein, was sagt das schon?

Solche Dinge sind nur Hohn.

Schön und hässlich, dick und dünn,

geistreich und ganz ohne Sinn.

Hip und ziemlich angesagt,

veraltet, doch schon sehr betagt.

Hell oder dunkel, schwarz und weiß,

die Hautfarbe nie etwas heißt.

Das, was im Leben wirklich zählt,

ist das, das unser Herz erhellt.

Herzgedanke

Bedenke, wer Du bist

und dass Dein Herz Dich nie vergisst,

selbst wenn die Welt um Dich vergeht,

bleibt es, weil es Dich versteht.

Was es heißt, ein Mensch zu sein

Bist Du der, der ganz laut schreit,

ICH und ICH und ICH und ICH!

Stehst gerne jederzeit bereit,

und brüllst nur MICH, MICH, MICH, MICH,
MICH, MICH, MICH.

Hast Du Dich jemals gefragt,

was „Mensch-zu-sein" genau bedeutet?

Oder bist Du der, der sagt,

„was kümmern mich schon andere Leute?"

Was Du verdienst ist nicht die Wut,

nicht des Hasses heiße Glut,

es ist das Mitleid allenfalls,

denn ist Dein Herz so bitterkalt,

dass Du nicht weißt, was richtig ist,

dass es nicht nur Selbstzweck gibt,

Du trägst die Leere im Gesicht,

weil Du allein Dich selbst nur liebst.

Ein gutes Herz

Was ein Leben wertvoll macht,
ist nicht Reichtum, ist nicht Macht,
es ist, was Du im Herzen trägst,
durch das Du diese Welt bewegst.

Wenn die Zeit gekommen ist

Wenn ich einmal gehe.

Sanft. Und ruhig. Und still. Verwehe.

Wird ein Teil von mir bei Euch verbleiben.

Euch sicher durch das Leben leiten.

Lebendig im Herz und Gedanken.

Wo ich Euch für immer nah bin.

Letzte Worte

Das gute Herz bleibt immer hier.

Erinnerung kennt keine Gier.

Und so lasst uns ein Lächeln wagen.

Wenn wir „Lebwohl" und „Gute Reise" sagen.

TraumZeit

Kunterbunte Traumwelt

Kunterbunt sind unsere Träume
voller Phantasie und Mut,
sie sind viel mehr als bloße Schäume,
denn sind sie von Grund auf gut.

Eiskristall

Wenn Eiskristalle glitzernd funkeln,

von Schönheit ganz vergänglich munkeln,

das Licht brechen und verstreuen,

dann wird sich jede Seele freuen,

die darin Träume wachsen sieht

und sich in Phantasie verliebt.

Sternensturm

Wenn sich die Planeten drehen,
weil sie im Sternensturm verwehen,
entstehen neue Lebensräume,
angefüllt mit tausend Träumen.

Neue Träume

In Gedanken geht die Zeit verloren.

Doch neue Träume werden geboren.

Mit bunter Phantasie und Freude.

Im Jetzt, im Hier und auch im Heute.

Nächtliche To-Do's

Wenn der Nachtmond ganz klar scheint,

das Schöne dieser Welt vereint,

der Zauber tausend Sterne strahlt,

der Himmel damit ganz schön prahlt,

dann ist es Zeit zum Innehalten

und bunte Träume zu gestalten.

Zaubertanz

Im Zaubertanz der Regentropfen,
die leise auf mein Fenster klopfen,
und mir von Phantasie erzählen,
will ich den schönsten Traum erwählen.

Wohnort eines Traums

Im weiten Land der Zauberwesen,

wo Magie das Herz bewegt,

da bist Du letzte Nacht gewesen,

weil in der Nacht Dein Traum dort lebt.

Wenn die Nacht beginnt

Wenn die Sonne untergeht,
die Wärme eines Tags verweht,
die Nacht ihr kühles, stilles Kleid
über diese Welt verteilt,
dann steht ein schöner Traum bereit,
der unserem Dasein Sinn verleiht.

Für mich

Ich bin heut lächelnd aufgewacht,
der Traum hat es wohl gut gemacht
und mir von einem Kuss erzählt,
der meine Lippen für sich wählt.

An den Traum

Hallo, Du lieber kleiner Traum,

Du malst mir den Gedankenraum

so bunt, damit die Phantasie

ganz frei und unbeschwert wie nie

die Zukunft und die Gegenwart

entwirft, so wie sie niemals war,

damit ich dort dem Glück begegne,

nach dem ich mich doch so sehr sehne,

ein Lächeln schenkt mir jede Farbe,

während ich Dir leise „Danke" sage.

Wo der Traum lebt

Es kam ein Traum geflogen.

Er setzte sich zu mir.

Ich fragte, wo er herkam.

Er sprach: Ich leb in Dir.

Schneeflocken und Träume

Geheimnisvoll erscheint die Welt,

wenn der Schnee zu Boden fällt,

jede Flocke voller Träume,

sie schmelzen, als wären sie nur Schäume,

und doch folgt stets ein neuer Traum,

in neuer Zeit, in neuem Raum.

Tagtraum im Sommer

Wir blicken in den Himmel.

Verlieren uns im Traum.

In bunten Phantasien.

Frei von Zeit und Raum.

Nachtspaziergang

Ein kleiner Traum spazieren ging,
das Wetter war recht angenehm,
er konnte tausend Sterne sehen,
er wünschte sich, dorthin zu gehen,
er begann sogleich zu schweben
und mit der Phantasie zu leben,
die alles für ihn möglich macht,
in dieser einen schönen Nacht.

Wechselspiel

Im Wechselspiel von Tag und Nacht
hat mir die Welt den Traum gebracht,
der vielleicht nicht die Welt bewegt,
doch der für das, was ich bin, steht.

Die Geschichte eines Träumleins

Komm, mein kleines Träumlein, flieg,

beende, Hass und Neid und Krieg,

in Dir lebt jene Wundermacht,

die alles immer möglich macht.

Gedanken & Magie

Die Welt in funkelnden Gedanken -
wir sollten jedem einzelnen danken,
sie schenken uns die Phantasie
und bunte Träume voll Magie.

Wenn sich Träume begegnen

Zwei Träume trafen sich einmal
auf dem Weg der Harmonie.
Sie reisten ein Stück Hand in Hand,
langweilig wurde ihnen nie.

Auch wenn Sie nun an weit entfernten
Orten bunte Bilder malen,
bestehen ihre Bande fort,
denn lässt die Phantasie sie strahlen.

Was die Phantasie anregt

Sternenstaub und Himmelslichter -
nicht dich, sondern noch sehr viel dichter,
bilden bunte Zauberformen
fernab altbekannter Normen,
sie regen so die Träume an,
voller Spannung, was werden kann.

Kelch der Träume

Wenn ich sanft im Schlaf versinke,
aus dem Kelch der Träume trinke,
wird Phantasie zur Wirklichkeit
und gibt mir treu mein Nachtgeleit.

Der Versuch zählt

Im bunten Wirbelwind der Träume,
will ich jeden einzelnen leben,
auch wenn mir das nicht recht gelingt,
ist der Versuch allein Gewinn.

Phantasiefarben

Farbe macht das Leben bunt.

Die Welt ist eckig oder rund.

Ganz so, wie es die Farben wollen.

Sie tun nur das, was sie tun sollen.

So schenken sie mir jeden Tag.

Ein Lächeln, das ich sehr mag.

Erwachen

Wenn ein kleiner Traum erwacht,
der Träumer dieses Träumleins lacht,
denn gibt die Phantasie ihm Kraft,
die das Wachsein schöner macht.

GlücksZeit

Klopf Klopf

Tausend kleine Regentropfen,

die ganz sanft an mein Fenster klopfen,

tragen alles Glück der Welt

in sich, weil ihnen das gefällt,

ganz rein und klar und völlig frei

und ohne arge List dabei,

ich lächle jedem einzelnen zu

im Traum versinke ich im Nu.

Firlefanz

Es war einmal ein Firlefanz,
der verlor sich in dem Tanz
des Unsinns und der Narretei,
doch hatte er viel Spaß dabei.

Glückskompass

Bedenke, was Dir wichtig ist.

Was Dir und Deinem Sein entspricht.

Was Du auf Deinem Lebensweg.

Finden möchtest unentwegt.

Halt die Erkenntnis in Dir fest.

Sie ist bei Dir, wenn Du sie lässt.

Als Kompass für Dein tiefes Glück.

Du wirst es finden – Stück für Stück.

Weg des Glücks

Der Weg ist lang und oftmals schwer,

zurück können wir nimmermehr,

zu dem, was war, es ist gewiss,

dass das Jetzt vergangen ist,

wenn wir es leben, danach streben,

dem ganzen einen Sinn zu geben,

der uns einmal das Glück beschert,

denn das ist jeden Weg doch wert.

Das weise ICH

Das ICH in Dir ist manchmal leise
und doch zu jeder Zeit sehr weise,
es kennt Dich, wie kein anderer Mensch,
besser, als Du selbst oft denkst,
es lebt ganz tief in Deinem Herz,
es findet selbst im Schmerz den Scherz,
der dabei hilft voranzugehen,
zu jeder Zeit zu Dir zu stehen,
denn darfst Du zur Dir selbst gut sein,
wen kümmert schon der schöne Schein?

Kleine Aufmerksamkeit

Klein und rein und unbeschwert,
denn ist es der Gedanke wert,
dass wir ihn ganz genau so denken
und dieser Welt so Gutes schenken.

Lebenskette

Auf und ab im Wellenglanz
bricht sich das Licht auf jedem Sein,
mal Freuden- und mal Schattentanz,
das Schicksal sagt es ganz allein.

Vielleicht ist manches so bestimmt,
dass es sich nicht verändern lässt,
doch nimmt es sicher nicht den Sinn,
denn bleibt ein klitzekleiner Rest,

der uns und unseren Weg bestimmt,
wir selbst sind unseres Glückes Schmied,
wenn Herz und Geist im Einklang sind,
so füllen sie der Kette Glied,

die sich unser Dasein nennt
und uns in mit jeder Faser kennt,
uns Kraft gibt und auch jenen Mut,
der täglich sagt: Alles wird gut.

Ein Gedanke

Klein und frei und unbeschwert

und doch war es das Dasein wert,

denn war er einzigartig, wunderschön

und wird er auch schon bald verwehen

so wird er in den Herzen leben

und Hoffnung jeden Tag vergeben.

Des Glückes Gunst

Tausend kleine Kostbarkeiten -
jeden Tag ein neuer Traum,
der uns in Unendlichkeiten
reisen lässt – durch Zeit und Raum,
uns unsere innere Schönheit zeigt,
den Wert des Herzens tief in uns
und uns so die Kraft verleiht,
zu finden wahren Glückes Gunst.

Nachtmoment

In jeder Nacht gibt's den Moment.

Den jeder liebt, den jeder kennt.

In dem die Welt im Reinen ist.

Und den man niemals je vergisst.

Was ist Glück?

Glück ist abstrakt und niemals Fakt.

Eine Vision im steten Wandel.

Glück hat niemals jemand satt.

Beruht auf keinem faulen Handel.

Glück ist frei – ist ganz und gar.

Ist einfach, gut und wunderbar.

Will nie das Böse, kennt es nicht.

Trägt stets ein Lächeln im Gesicht.

Glück ist ein Wort und so viel mehr.

Macht uns das Dasein niemals schwer.

Wenn wir es irgendwann erreichen.

Wird Geist und Herz in uns vereint sein.

LebensMut

Ganz weit vorn am Horizont -
von wo die Zukunft zu uns kommt,
hab´ ich das wahre Glück gesehen
und so werd´ ich durchs Leben gehen
im Wissen, es wird alles gut,
im Herz erfüllt mit echtem Mut.

Ein Tänzchen

Erinnerung, komm, tanz mit mir,

meine Hände reich ich Dir,

leichtfüßig durch die Gezeiten,

lassen wir uns allzu gern verleiten,

an schöne Orte zu verschwinden,

so manches auch zu überwinden,

was sich in unsren Weg gestellt,

die Freiheit haben wir gewählt,

wenn wir die Augen mutig schließen

und das, was wir dort sehn, genießen.

Kreislauf des Lebens

Wenn der Regen auf die Welt
fällt und alles, was sie hält,
hinfortschwemmt, als sei´s nie gewesen -
alles Leben, alle Wesen -
bleibt die Essenz, das, was das Herz
zurücklässt, Trauer, Freude, Schmerz,
auf dieser Welt in anderer Form,
im tiefsten Sein erneut geboren.

Verführungskunst

Es reicht eine Berührung.

Zur völligen Verführung.

Mein Herz gehört nur Dir.

Dir und jener Gier.

Die kalt und heiß in meiner Brust.

Brennt, es soll und es auch muss.

Der Kuss vollendet jenes Werk.

Und wird er mir nur kurz verwehrt.

Verzehre ich mich ganz und gar.

Genussvoll, einfach, wunderbar.

Glückstopf

Das Geheimnis liegt im Augenblick,

dort findest Du all jenes Glück,

den Topf am Regenbogenende,

manch einer reibt vor Gier die Hände,

doch kannst Du Glück nur dann ergreifen,

wenn Herz und Geist gemeinsam frei sind.

Beim Küssen

Wenn Du mich küsst,

dann küss ich Dich,

im Traum zu zweit

versinke ich,

in Deinen Augen, Deinem Herz,

in Glück, in Freude, süßem Schmerz,

egal, was dieser Kuss beschert,

ist er doch alles für mich wert.

Mut

Niemals verlässt der Mut das Herz.

Wenn Du Dich immer Du-Sein lässt.

Dann wirst Du nie alleine sein.

Denn wird der Mut Dir Kraft verleihen.

Tropfen und Träume

Bunt schimmert jeder Wassertropfen,

in jedem lebt ein kleiner Traum,

mal seh ich eine bunte Wiese

und manchmal einen Kletterbaum,

auf dem ich still im Schatten sitze,

frei im Herz und in Gedanken,

ein Zweig dient mir als Rückenstütze,

im Wind fühl ich ihn manchmal schwanken,

als säße ich auf einem Schiff

auf dem Weg ins Unbekannte,

der Horizont vor mir ist rot,

ich bin gespannt, wo ich einst lande,

auf einmal bin ich dann zurück

in dieser Zeit, in diesem Leben,

ganz leise flüstere ich „Danke"

zu Träumen, die in Tropfen leben.

Den Horizont erweitern

Es verlor vor langer Zeit
die Schneeflocke sich im Winterkleid
im Sommer und sie schmolz sogleich,
doch war sie unendlich reich,
da sie die warme Jahreszeit
kennen durfte und sie war bereit,
im nächsten Jahr zurückzukehren,
voller Mut in neuen Sphären.

Ein neuer Tag

Wenn das letzte Blatt verweht.

Die Sonne gänzlich untergeht.

Wenn jeder kleine Laut verstummt.

Nicht einmal mehr die Biene summt.

Dann ist es Zeit, neu zu beginnen.

Mit freiem Herz und allen Sinnen.

Den ersten Schritt ins Jetzt zu wagen.

Voll Mut den nächsten Tag zu starten.

Das Schöne dieser Welt

Weil das Schöne dieser Welt
mehr als alles andere zählt,
lohnt sich jeder Augenblick,
er versteht es voll Geschick,
jedes Herz zart zu berühren,
die Hoffnung stetig anzuschüren,
die uns hilft den Weg zu gehen
und jeden Tag zu uns zu stehen.

Innehalten

Wenn die Welt sich schneller dreht,

alles, was war, im Nu verweht,

der Sand der Zeit durch Finger rinnt,

das Ende viel zu früh beginnt,

dann lohnt es sich, kurz durchzuatmen,

den Stillstand auch einmal zu wagen,

denn liegt in diesem Augenblick,

das wahre, echte, reine Glück.

GeschichtenZeit

Gevatter Tod

Der Tod ist kein gerechter Mann,

er allein bestimmt das Wann,

ob arm, ob reich, ob gut, ob schlecht,

sein Wort entscheidet, er spricht Recht,

deswegen gilt es für uns Menschen,

nicht zu jammern und zu schimpfen

und jeden einzelnen Tag zu leben,

als würde es kein Morgen geben.

Wenn Elefanten tanzen

Ein dicker, bunter Elefant
tanzte zwar nicht elegant,
dafür aber voller Freude,
er wusste, das, was zählt, ist heute.

Kollision

Wenn zwei Sterne kollidieren,
sich in Zeit und Raum verlieren,
sie Sternenstaub im All versprühen
und irgendwann sie dann verglühen.

Turteltauben

Es flirteten zwei Turteltauben
und ließen sich den Atem rauben,
sie flogen dann gemeinsam fort
an einen fernen Zauberort.

Der letzte Stern

Der letzte Stern stand einst am Himmel,
verloren ohne das Gewimmel
von vielen tausend Sternenbildern -
manche ruhiger, manche wilder -
nun war er aber ganz allein,
er hinterfragte alles Sein,
doch da entdeckte er ganz fern
ein kleines Kind und unser Stern
erkannte, was jetzt wichtig ist
und so schenkte er ganz viel Licht,
weil sein Strahlen Hoffnung gibt
und echte Hoffnung nie versiegt.

Quietsche-Ente

Eine kleine, gelbe Quietsche-Ente

wollte unbedingt in Rente,

sie war es satt, stets nass zu sein,

Nachts im dunklen Bad allein,

Tags im Wasser mit Shampoo

da machte sie die Augen zu,

doch wurde sie dann fest gedrückt,

spielte sie komplett verrückt

und quietschte, auch wenn sie nicht wollte,

weil sie es nun mal tuen sollte,

drum floh sie und geht nie mehr baden,

sie ist nun – wie soll ich es sagen –

ungewaschen Tag für Tag,

weil sie ein Stinktier jetzt sein mag.

Wolkenwesen

Es winkte mir ein Wolkenwesen,
verdutzt rieb ich mir meine Augen,
als wär´s nur Phantasie gewesen,
wie kann man schon an sowas glauben?

Doch war das Wolkenwesen echt,
so real wie Du und ich,
sein guter Rat, kam mir grad recht:
„Vergiss das Träumen niemals nicht."

Tanz der Ewigkeit

Wenn Regentropfen wandern gehen,
ohne alles zu verstehen,
was sie auf ihrer Reise sehen,
so werden sie doch fortbestehen,

denn wissen sie, was wichtig ist,
das Spiegelbild im Sonnenlicht,
das ihnen ihre Seele zeigt,
denn ist sie das, was einmal bleibt,

wenn sie als Tau auf einem Blatt
fröhlich funkeln und anstatt
sich über das, was wird zu sorgen,
was zählt ist heute, nicht das Morgen,

wenn sie dann irgendwann verdunsten,
als Wasserdampf ganz sanft verwehen,
so wissen sie, sie sind bereit,
für den Tanz der Ewigkeit.

Kleine Fehler

Wenn die Schafe lauthals bellen,
die Hasen Füchsen Fallen stellen,
die Sonne strahlt in tiefster Nacht,
dann hat die Welt was falsch gemacht.

Die Schwäche eines Tapirs

Der Tapir trank gern mal ein Bier.

Manchmal waren es auch vier –

und wenn er dann nach Hause wankte,

die Tapir-Frau ihn so schon kannte,

gab´s auf die lange Tapir-Nase,

auf dass das Trinken er doch lasse.

Wolkenliebe

Ich sah am Himmel eine Wolke,
ich fragte mich, was sie wohl wollte.
Regnen oder Schatten spenden?
Sollt ich genießen oder rennen?

Dann auf einmal war mir klar,
die Wolke war für mich nur da,
sie zeigte mir ein Stück der Freiheit,
losgelöst von Raum und Zeit.

Ich nahm sie an und flog mit ihr
frei von Hass, von Neid und Gier,
genoss das Leben Tag für Tag,
weshalb ich jede Wolke mag.

Erinnerungsstütze

Der Strauß ist groß und eindrucksvoll,
der Pfau hält sich für ganz schön toll,
wenn beide aufeinandertreffen,
kann man die beiden kaum verwechseln.

Früher war alles besser. Oder?

Früher war das Leben schön,
das Wetter war stets angenehm,
die Menschen waren lieb und nett,
ein jeder elegant, adrett,

Hunger musste keiner leiden,
die Mächtigen waren bescheiden,
die Welt war gut und rein und fein,
es gab ihn nicht den falschen Schein,

gemeckert wurde niemals nicht,
die Ehrlichkeit trug im Gesicht
jeder Mensch an jedem Tag,
weil damals jeder jeden mag.

Und heute ist nur alles schlecht

kalt und hart und ungerecht,

wer wirklich dieser Meinung ist,

der eines ganz gewiss vergisst:

Das Leben ist ganz genau so,

immer und zu jeder Zeit,

wie Du es machst, darum sei froh

sei Hier und Jetzt fürs Glück bereit.

Musik der Welt

Ganz leise singt sie, kaum zu hören,

vermag es, Dich sanft zu verführen,

mit Phantasie und wahren Träumen,

 ganz sicher willst Du nichts versäumen,

verrät Dir, was im Leben zählt,

die liebliche Musik der Welt.

Ohne Sorge

Ein Staubkorn schimmerte im Licht
meiner kleinen Nachttischlampe.
Es flog auf warmen, sanften Strahlen,
Sorgen machte es sich nicht.

Ich winkte ihm ganz leicht zum Abschied,
löschte das Licht und schloss die Augen.
Das Staubkorn schien ganz leis zu summen,
ich schlief ruhig ein bei seinem Lied.

Im Traum fand ich das Staubkorn wieder,
nun tanzten wir zu zweit im Licht.
Genossen frei und unbeschwert,
besorgt waren wir beide nicht.

Unterwegs im Märchenland

Im Märchenland lebt Phantasie,

das Morgen existiert dort nie,

nur Schönheit, Glück, Zufriedenheit –

all das, was uns die Kraft verleiht,

unseren Lebensweg zu gehen

und jeden Tag neu zu verstehen,

dass Leben immer IchSein heißt,

auch wenn es nicht durchs Märchen reist.

Abenteuerland

Wenn ein Augenblick vergeht,

ein neuer dann bereit schon steht,

mit neuen Chancen, neuen Welten,

das, was war, kann nicht mehr gelten,

denn geht die Zukunft stets voran,

voller Mut und Tatendrang

folg ich ihr und lass mich ein,

will Teil des Abenteuers sein.

Löwenzahn

Grau erstreckt sich eine Straße
vor mir und ich folge ihr.
Sehe nichts als den Asphalt –
spröde, rissig, ziemlich alt.

Grau und kalt und ausgebleicht,
ziemlich hart und gar nicht weich,
als Sinnbild einer müden Welt,
in der so vieles nicht gefällt.

Doch da seh´ ich den Löwenzahn,
er müht sich, doch er strengt sich an,
durchbricht der Straße kaltes Grau
und ist sie auch noch so rau,
erringt den Sieg er - unentwegt
er bunte Farben mutig sät.

Bunte Sauereien

Ein Schmetterling ganz bunt und fein,
tauchte in die Blüte ein
und war danach mit Blütenstaub
von Schwanz bis Fühler eingestaubt.

Drehwurm

Es drehte sich ein Wurm
im wilden Wirbelsturm,
danach war ihm dann ziemlich schlecht
und jede Stütze war ihm Recht,
er prägte so – das ist gewiss –,
dass dieser Zustand ein Drehwurm ist.

Ein Wagnis

Das Windspiel singt ganz leis im Wind,
auf dass sein Liedchen ihm gelingt,
in dem es um die Freiheit geht,
die schnell verfliegt und schnell verweht,
wenn wir nicht mutig an sie glauben,
kann jeder Hetzer sie uns rauben,
doch wenn wir sie im Herzen tragen,
können wir sie täglich wagen.

Die Reise der Welt

Im Wandel der Zeit
lebt die Welt im steten Lauf,
ist für Neues gern bereit
und gibt dabei nie jemals auf.

Sie wird vom Traum begleitet,
von bunten Phantasien,
weil jeder Traum den Weg bereitet,
wenn Herz und Geist die Kraft verleihen.

Das Ende kennt sie nicht,
sie will es auch nicht wissen,
stattdessen reist sie Richtung Licht
und wird niemals vergessen.

NeuZeit

Die Zeit

Die Zeit verweht im Wind.

Beginnt die neue Reise.

Ist stumm und manchmal blind.

Und doch unendlich weise.

Als Teil der Ewigkeit.

Beherrscht sie alle Sphären.

Sie gibt uns treu Geleit.

Erfüllt uns das Begehren.

Nach der Erinnerung.

Nur sie geht nie verloren.

Tut stets die Wahrheit kund.

Wird täglich neu geboren.

Wertvoll

Ich sah einen Gedanken.

Er war so wunderschön.

Zerbrechlich und vergänglich.

Drohte er zu verwehen.

Im wilden Wind des Lebens.

Schien er beinahe vergebens:

Doch war er es ganz sicher nicht.

Er schimmerte im sanften Licht.

Und schenkte Hoffnung.

Unvergessen

Diese Welt verändert sich.

Mit jeder Nacht mit jedem Licht.

Was bleibt ist Mut und Zuversicht.

Sie spiegeln sich in dem Gesicht.

Das frei in Herz und Seele ist.

Und das genau das nie vergisst.

Veränderung

In dem kurzen Augenblick
bevor das Wasser zu Eis gefriert,
schweigt die ganze Welt gespannt,
ob sich das ganze Sein verliert.

Und dann entsteht das Neue -
rein und hell und klar -
beinahe scheint es so,
als ob es so schon immer war.

Und doch ist´s neu und unbekannt,
faszinierend, Blick gebannt,
wenn Veränderung entsteht,
stets etwas kommt und etwas geht.

Was die Welt denkt

Wohin dreht sich diese Welt,

wenn ihr all das nicht mehr gefällt,

was dort passiert und was geschieht,

wenn niemand gut ist, niemand liebt,

vermag sie es, sich umzudrehen,

um alles das nicht mehr zu sehen?

Wird sie vielleicht einmal sagen,

„Das war´s" und nicht mehr länger tragen

all die Last, die auf ihr ruht,

oder hat sie weiter Mut,

und glaubt daran, dass irgendwann

neues Licht entsteht und dann

Hoffnung und auch Zuversicht

auf ihr erblühen lediglich

…und eine neue Zeit beginnt.

Alles wird gut

Im Strudel wilder Heldentaten
will so mancher nichts mehr wagen,
aus Angst zu stürzen und zu fallen
und ganz vergessen zu verhallen.

Doch wie kann Gutes neu entstehen
und Hoffnung nicht im Nichts verwehen,
wenn jeder bloß an sich nur denkt,
sein ganzes Streben danach lenkt,

bis irgendwann die Dunkelheit
das Leben und die Welt ereilt
und Kälte herrscht, tot ist der Mut,
ist es so weit, ist nichts mehr gut.

Darum lasst uns das MutigSein
leben und uns Kraft verleihen,
vielleicht gelingt es Hand in Hand,
dass alles gut wird - irgendwann.

Westwind

„Frei" flüstert Dir der Westwind zu -
er tut dies sanft und immerzu
und nimmt Dich mit auf seine Reise,
Du folgst ihm auf Deine Weise.

Du reichst ihm Deine Hand und fliegst
und findest stets das, was Du gibst,
das, was Du fühlst, das, was Du denkst,
wenn Dein Herz Dein Handeln lenkt.

Am Ende dieser Wunderreise
bist Du vielleicht nicht wirklich weise,
doch war sie für Dich von Gewinn,
wahrhaftig frei bist Du im Sinn.

Lebensspiel

Manchmal reicht es nicht allein
zu existieren und zu sein,
denn sind wir doch noch so viel mehr,
wenn wir Wir sind, ist´s auch schwer,
was bringt es schon das Spiel des Lebens,
wenn wir stets nur danach streben,
einem Fremdbild zu entsprechen
und unser Herz dabei vergessen.

Worauf die Zeit hört

Wohin geht die Zeit,
wenn alle Uhren stehen?

Werden dann die Winde
dennoch weiterwehen?

Hält die Erde selbst
ganz bedächtig inne
und lauscht ganz still und leise
der tiefen Herzensstimme?

Sie sagt: Sei Du, Du darfst es sein,
denn alles andere ist nur Schein.

Betrachtung der Jugend als Antithese

Einmal erlischt die Jugend.

Verschwindet grau im Herbst.

Was bleibt, ist manche Sorgen.

Oftmals sogar ein Schmerz.

Auch wenn die Blüte welkt.

Die Jugend lebt im Herzen.

Das ist´s allein, das zählt.

Im Gestern, Jetzt und Morgen.

Die Beschaffenheit des Wegs

Auf komplizierten Wegen.

Geht ein jedes Leben.

Mal auf und wieder ab.

Jede Nacht und jeden Tag.

Liegt nicht in unserer Hand.

Von fremder Macht gesandt.

Was hilft, ist stets der Mut.

Denn irgendwann wird alles gut.

Lebensbegleiter

Frei in Raum und frei in Zeit.

Das Leben gibt uns treu Geleit.

Begleitet uns auf unserer Reise.

Auf seine Art. Auf seine Weise.

Gibt Halt. Schenkt uns Zuversicht.

Und ein Lachen im Gesicht.

Sorgt für Tränen. Trocknet sie.

Kennt stets die Antwort auf das „Wie".

Am Lebensende gibt es dann.

Den Mut, auf dass man gehen kann.

Ins neue Leben.

Antrieb

Ein Herzschlag, einer von sehr vielen.
Ganz klein, ganz leis, ganz unscheinbar.
Doch hat er jede Angst vertrieben.
Die je in meinem Innern war.

Ich hielt ihn fest, bewahrte ihn.
In meinem Geist und meiner Seele.
So manche Kraft wollt an mir ziehen.
Versuchungen ich nicht verhehle.

Doch gab mir dieser Herzschlag Kraft.
Zu widerstehen, klar zu sehen.
Selbst wenn das pure Böse lacht.
Gibt er mir Mut, den Weg zu gehen,

an dessen Ende Freiheit wohnt.
Versteckt am Rand des Regenbogens.
Ich weiß, dass jeder Schritt sich lohnt.
Denn ist das Leben nie vergebens.

Wenn ein Herz geht

Wenn ein Herz beschließt zu gehen,
mit den Winden zu verwehen,
an einen fernen Ort zu reisen
auf des Regenbogens Schneisen,

dorthin, wo Glück und Trost regiert,
keiner je dem andern giert,
wo Wärme herrscht und Zuversicht
mit einem Lächeln im Gesicht,

dann müssen wir dies akzeptieren
und die Hoffnung nicht verlieren,
dass wir eines Tages, dann,
nicht heute, aber irgendwann,

ganz frei im Sinn und frei im Herzen,
ohne Leid und ohne Schmerzen,
folgen werden voller Mut,
im Wissen, es ist alles gut.

Das Morgen

Im Neuen liegt all das verborgen,

nach dem sich unser Herz so sehnt,

doch zählt nicht immer nur das Morgen,

denn wird auch das einmal verwehen.

Horizont

Weit ist das Land, in das wir sehen,

wir möchten bis zum Ende gehen,

dessen, was noch sichtbar ist,

denn dort versinkt das Tageslicht

als Pforte einer anderen Welt,

in der allein die Freiheit zählt.

Zuversicht

Wenn Zweifel wachsen und gedeihen.

Sich Fragen aneinanderreihen.

Der Nebel klare Sicht erschwert.

Und so den Blick nach unten nährt.

Dann schließ ganz einfach Deine Augen.

Die Welt wird Dir dies schon erlauben.

Befreie Deinen Geist und Dich.

Such im Dunkeln jenes Licht.

Das von Zuversicht erzählt.

Und auch Dein Herz für sich erwählt.

Lebendiger Herbst

Laub – ganz bunt und mannigfaltig –
in tausend Formen farbgewaltig,
tanzt im Wind mit jeder Böe,
auf dass kein Sturm es schnell verwehe,
erkennt die Schönheit in der Welt,
weil jedes Blatt ein Leben zählt.

Neuanfang

Was bleibt dieser Welt,
wenn das Kartenhaus zerfällt,
das wir Hand in Hand erbauten,
und das wir dankbar lang anschauten,
das aus Mut und Zuversicht
erbaut wurde und mit Geschick
als Zeichen stand für Nächstenliebe,
wir dachten, dass es ewig bliebe.

Was nun bleibt, ist unser Mut,
er sagt uns, es wird alles gut,
wenn wir auf unsere Kraft vertrauen,
und wieder alles das erbauen,
das uns zeigt, was MenschSein heißt,
mit freiem Herz und freiem Geist.

Neue Zeit

Wenn große Worte klingen,

die Taten aber nicht gelingen,

der Schein regiert, so blendend schön,

und dennoch alle Guten gehen,

dann ist es Zeit, den Mut zu wagen,

zu neuen Worten, neuen Taten,

die Hand in Hand die Zeiten prägen,

in denen alle glücklich leben.

Du und Dein Herz

Ganz leise spricht Dein Herz zu Dir.

Ohne Hass und ohne Gier.

Es kennt Dich besser als Du selbst.

Es ist, was Dich am Leben hält.

Es spendet Mut und gibt Dir Rat.

Verleitet Dich zur kühnen Tat.

In ihm liegt alles Glück der Welt.

Es weiß genau, was Dir gefällt.

Drum nimm Dir Zeit, ihm zuzuhören.

Es wird Dich niemals stumpf belehren.

Es weist Dir Deinen Lebensweg.

Wenn Du nur täglich zu ihm stehst.

Dank

Im Wind verwehen die Gedanken,
ich möchte jedem einzelnen danken,
für´s Dasein und für das Bereichern,
für´s Anregen und für das Erheitern,
Ich trage Euch ganz nah bei mir,
in meinem Herz im Jetzt und Hier.

Die Gedichte

JetztZeit

Erinnerung 6
Zeitreise 7
Spiegelbild der Gesellschaft (symbolisch) 8
Besinnung 9
Das Geheimnis der Freiheit 10
Krise 11
Die Phantasie der Wirklichkeit 12
Wenn Blätter reisen 13
Im Kreislauf 14
Der Troll vergangener Tage 15
Alles ist gut 16
Im Großen und Ganzen 17
Momente 18
Falsche Empörung 19
Im Sturm des Lebens 20
Etwas Zeit 21
Respekt 22
Schnelllebig 23
Beobachtung des Jetzt 24
Warum 25
Wettlauf mit der Zeit 26
Sommermoment 27
Suchen und Finden 28
Der Moment 29
Der Wutbürger 30
Das Geheimnis der Freiheit 32

HerzZeit

Verführung 34
Geheimnisvoller Ort 35
Die Sprache des Herzens 36
Am Lebensende 37
Im Angesicht 38
Ein Traum 39
Wenn die Welt still steht 40

Zauberspruch 41

Dein Herz und Du 42

Leben und Tod 43

Wie Du bist 44

Trennung 45

Lohnt sich der Augenblick? 46

Vom Chaos umgeben 47

Ein Wort 48

Tränen 49

Ein Ort 50

Was zählt 51

Herzgedanke 52

Was es heißt, ein Mensch zu sein 53

Ein gutes Herz 54

Wenn die Zeit gekommen ist 55

Letzte Worte 56

TraumZeit

Kunterbunte Traumwelt 58

Eiskristall 59

Sternensturm 60

Neue Träume 61

Nächtliche To-Do´s 62

Zaubertanz 63

Wohnort eines Traums 64

Wenn die Nacht beginnt 65

Für mich 66

An den Traum 67

Wo der Traum lebt 68

Schneeflocken und Träume 69

Tagtraum im Sommer 70

Nachtspaziergang 71

Wechselspiel 72

Die Geschichte eines Träumleins 73

Gedanken & Magie 74

Wenn sich Träume begegnen 75

Was die Phantasie anregt 76

Kelch der Träume 77

Der Versuch zählt 78

Phantasiefarben 79

GlücksZeit

Erwachen 80

Klopf Klopf 82

Firlefanz 83

Glückskompass 84

Weg des Glücks 85

Das weise ICH 86

Kleine Aufmerksamkeit 87

Lebenskette 88

Ein Gedanke 89

Des Glückes Gunst 90

Nachtmoment 91

Was ist Glück? 92

LebensMut 93

Ein Tänzchen 94

Kreislauf des Lebens 95

Verführungskunst 96

Glückstopf 97

Beim Küssen 98

Mut 99

Tropfen und Träume 100

Den Horizont erweitern 101

Ein neuer Tag 102

Das Schöne dieser Welt 103

Innehalten 104

GeschichtenZeit

Gevatter Tod 106

Wenn Elefanten tanzen 107

Kollision 108

Turteltauben 109

Der letzte Stern 110

Quietsche-Ente 111

Wolkenwesen 112

Tanz der Ewigkeit 113

Kleine Fehler 114

Die Schwäche eines Tapirs 115

Wolkenliebe 116

Erinnerungsstütze 117

Früher war alles besser. Oder?.. 118

Musik der Welt... 120

Ohne Sorge... 121

Unterwegs im Märchenland... 122

Abenteuerland.. 123

Löwenzahn 124

Bunte Sauereien 125

Drehwurm... 126

Ein Wagnis.. 127

Die Reise der Welt 128

NeuZeit

Die Zeit 130

Wertvoll... 131

Unvergessen 132

Veränderung... 133

Was die Welt denkt 134

Alles wird gut 135

Westwind... 136

Lebensspiel 137

Worauf die Zeit hört.. 138

Betrachtung der Jugend als Antithese 139

Die Beschaffenheit des Wegs... 140

Lebensbegleiter 141

Antrieb.. 142

Wenn ein Herz geht... 143

Das Morgen.. 144

Horizont.. 145

Zuversicht 146

Lebendiger Herbst.. 147

Neuanfang... 148

Neue Zeit 149

Du und Dein Herz 150

Dank.. 151

FSC
www.fsc.org
MIX
Papier | Fördert
gute Waldnutzung
FSC® C083411

Zeitfracht Medien GmbH
Ferdinand-Jühlke-Straße 7
99095 Erfurt, Deutschland
produktsicherheit@kolibri360.de